AF561963

MÉMOIRE HISTORIQUE

SUR

TOUSSAINT-LOUVERTURE.

MÉMOIRE HISTORIQUE

SUR

TOUSSAINT-LOUVERTURE,

CI-DEVANT

GÉNÉRAL EN CHEF DE L'ARMÉE DE SAINT-DOMINGUE,

JUSTIFIÉ, PAR SES ACTIONS,

DES ACCUSATIONS DIRIGÉES CONTRE LUI;

SUIVI D'UNE NOTICE HISTORIQUE

SUR ALEXANDRE PÉTION,

PRÉSIDENT D'HAÏTI JUSQU'A SA MORT.

PAR DON AUGUSTIN RÉGIS (Homme de couleur),

Officier d'état-major-général de l'ex-armée de Saint-Domingue.

Rien n'est beau comme la vérité.

A PARIS,

CHEZ F. SCHERFF, Libraire, place du Louvre, n° 12.

Août 1818.

Je déclare que je poursuivrai devant les tribunaux les contrefacteurs ou débitans d'éditions contrefaites qui ne seraient pas revêtues de mon cachet.

INTRODUCTION.

On a vu que l'acte par lequel un peuple se soumet à une autre nation est vraiment un contrat qui n'impose pas de moindres obligations au chef qu'aux sujets. Si l'on donne atteinte à ces obligations d'une manière évidente, et si elles se trouvent méprisées d'un côté, l'autre est en droit de rompre également.

Cette vérité se fait sentir tous les jours par l'expérience; les peuples sont si persuadés qu'ils peuvent se dispenser d'obéir au despote injuste et capricieux, qu'ils rompent le joug sans difficulté et sans scrupule. On a beau leur prêcher la morale opposée, dame Nature se fait entendre et prend le dessus. On tolère pendant quelque temps, on fléchit sous la tyrannie; mais la patience échappe: l'intrigue, l'ambition échauffent les esprits, et pour arriver à un mieux on exaspère les peuples, on leur fait commettre des crimes ; tout est bouleversé, les fripons en profitent, et le peuple devient encore plus malheureux. La révolution française laisse un vaste champ de réflexions et de leçons.

Ce n'est pas sans raison que les lois politiques tiennent le premier rang dans un état. Ce sont les chaînes de la société : tant qu'elles subsistent et sont étroitement unies, le corps politique se soutient et se conserve ; si au contraire un chaînon s'affaiblit ou se brise, tout manque, la société se détruit.

Si, d'un autre côté, les lois politiques sont sages et bien réglées, elles font le bonheur des membres et impriment la terreur à l'ennemi.

Si elles sont mal établies, sans prudence, alors naît le désordre ; le corps souffre, l'ennemi s'en applaudit....

Il s'en suit donc que si ces lois sont contraires à l'ordre, il faut promptement les réformer, puisqu'au lieu d'affermir la communauté, elles tendent à sa ruine.

La France voulut changer de maître au préjudice de la loi de succession, admise et confirmée depuis long-temps, par qui elle a reçu son plus grand éclat, et à qui elle est redevable de sa prospérité. Quand elle voulut exclure de son sein ses propres membres, pour une diversité d'opinion peu intéressante à l'Etat, le roi de Navarre n'avait-il pas raison, je ne dis pas de maintenir ses droits, mais de vouloir remettre dans son assiette cet état chancelant, et de réprimer par la force des armes les fureurs et les extravagances d'un peuple qui courait à sa perte?

A l'égard du rapport des membres entre eux et avec le corps, je conviens que les membres doivent être dans une parfaite dépendance du corps; c'est ce qui constitue sa force, ses nerfs et son activité.

Il est difficile de pouvoir conjecturer

sûrement quelles seront un jour les mœurs d'une nation, si ce n'est que tôt ou tard elle passera dans les bras du luxe et de la mollesse. Quelques lois qu'on lui impose, on ne peut éviter cet inconvénient. On veut bien que le climat influe en quelque chose sur les usages; il serait ridicule d'être dans la nudité dans un pays chaud comme à son opposite. D'ailleurs tous usages, toutes coutumes, peuvent se glisser dans tous pays. C'est le commerce des nations qui les introduit de l'une à l'autre. Toutes celles qui ont commercé avec *Saint-Domingue* et qui l'ont admiré dans le temps de sa prospérité et de son éclat, en ont rendu hommage. La religion y contribue de son côté; mais ce qui est d'un plus grand poids, c'est l'exemple des chefs.

Regis ad exemplum, totus componitur orbis.

(J. J. ROUSSEAU, *De la division des Lois*, ch. 12.)

MÉMOIRE HISTORIQUE
SUR
TOUSSAINT-LOUVERTURE.

Très-chers et très-affectionnés compatriotes,

L'amour de la patrie, l'espoir de son bonheur et de sa prospérité, m'ont fait désirer et chérir sa persévérance dans son mouvement insurrectionnel contre toute infraction impolitique et inhumaine. J'ai vu, dès sa naissance, que ce n'était qu'avec elle et par elle seule qu'il était possible d'opérer la régénération des mœurs, l'anéantissement des abus, et enfin le règne de la liberté.

Je m'impose donc la tâche la plus pénible contre l'impudence de ceux que l'on appelait grands planteurs sous l'ancien régime, qui ne m'en imposaient pas, même dans le temps que leur despotisme était en pleine activité contre les hommes de notre couleur ; car je ne connus jamais de dépendance que celle de la loi, qui est ma seule égide.

Maintenant je passe aux dénonciations infâmes des écrivains modernes, dirigées contre la mémoire de Toussaint-Louverture et contre la postérité des noirs : elles sont de la nature de celles qu'on érige à l'ordre de tous les jours, et j'entre en lice.

Je crois de mon devoir d'y répondre par la série suivante contre la déclamation insensée contenue dans un ouvrage intitulé : *De l'examen de l'esclavage en général, et particulièrement de l'esclavage des noirs, dans les colonies françaises de l'Amérique, par V. D. C., ancien avocat et colon de Saint-Domingue, réfugié en France.* En lisant cette œuvre, qui est en plusieurs volumes, je vois dirigée, par une animosité la plus marquée, la calomnie la plus infâme contre *Toussaint-Louverture*, ce général qui avait été nommé au commandement suprême de la colonie par le gouvernement de la métropole, qui crut devoir lui confier la régie de Saint-Domingue, voyant de jour en jour des quartiers entiers qui étaient confiés aux soins des officiers ou généraux blancs, livrés à la proie des Anglais et des Espagnols.

Je ne puis m'empêcher de verser des larmes en parcourant cet ouvrage, voyant traiter le peuple noir d'une manière indigne, et vouloir même en faire une classe d'hommes séparés de la société, et les comparer aux animaux et aux bêtes de somme (1).

---

(1) M l'avocat V. D. C. dit que les nègres ne méritent

Les intentions de *Toussaint-Louverture*, que l'on traite de scélérat dans cet ouvrage, n'étaient nullement de rendre la colonie de *Saint-Domingue* indépendante de la France; mais il était de son devoir de prendre toutes les mesures de précaution pour établir un nouveau système de choses, en faisant un code réglementaire et constitutionnel pour la colonie, de manière à assurer l'intérêt des habitans, faire renaître l'agriculture et le commerce, éloigner tous les factieux qui ne se plaisaient qu'aux désordres, et sauver par là la colonie des incursions des ennemis de la France. Dans un moment où il allait rendre un grand et des plus éminens services à la métropole, le général *Leclerc* arrive avec l'expédition. Sans l'arrivée de cette masse de troupes dans la colonie, qui jouissait déjà d'une parfaite sécurité, et dont le commerce et la cul-

---

point la liberté, ni même de faire partie de la société, comme la classe des autres hommes, et que c'est par suite de cette liberté que Saint-Domingue est réduit à l'état où il est maintenant. Je réponds à M. l'avocat: que cette liberté n'a en rien contribué aux désordres qui ont éclaté à Saint-Domingue; mais que si ceux des agens du gouvernement de la métropole qui ont été chargés de la dispenser n'avaient abusé de ce mot sacré pour piller et dilapider les trésors de Saint-Domingue sous le bandeau de la différence des couleurs, ces désordres n'auraient point eu lieu.

ture des terres renaissaient plus que sous l'ancien régime (1), Saint-Domingue restait encore intact à la France : voilà cependant les prodiges et les progrès que faisaient la culture et le commerce sous le gouvernement d'un nègre ignorant et grossier (au dire de M. V. D. C., avocat, colon de Saint Domingue, qui l'accuse de ne savoir discerner les lois, fléchissant sous la licence la plus effrénée d'une entière liberté).

Oui, je conviens moi-même que celui qui perd a eu de tous les temps le droit de crier, de plaider sa cause et de s'en plaindre, car la plaie de l'un ne guérit pas celle de l'autre.

Mais, de grâce, faut-il pour cela que par un esprit dominant de passion, de rage, de désespoir, de haine et de vengeance, l'on déclame par des apostrophes les plus injurieuses et les plus insensées contre ses semblables en unité ?... M. V. D. C., qui dit dans son ouvrage avoir eu des nègres à Saint-Domingue sur son habitation, devrait se mettre pour un petit moment à leur place, et se faire administrer *cinquante à cent cinquante coups*

(1) Ici j'en appelle, pour rendre témoignage de mon assertion, à ceux des Européens qui ont séjourné pendant un laps de temps dans la colonie, et qui ont même administré des fonctions tant civiles que militaires sous le gouvernement de *Toussaint-Louverture*.

de fouet, étendu sur une échelle, ou pour mieux dire *crucifié*; et *endurer* les *tortures* que ces malheureux enduraient.

Je suis curieux de savoir s'il dirait que ces châtimens n'étaient qu'une simple correction paternelle ?

Je crois au contraire qu'il serait convaincu alors de l'effet de l'esclavage, des *fouets*, des *tortures*, etc., etc., etc.

(Avis au rédacteur du journal de *la Quotidienne*, pour sa feuille du 24 juillet 1816, concernant son calembourg sur le *toast* porté au dîner par sir *Wilbelforce*, membre du parlement d'Angleterre.)

En voulant faire de cette classe d'hommes, comme je viens de le dire plus haut, des bêtes de somme, M. V. D. C. ne doit donc attribuer la perte des colonies qu'aux colons blancs, anciens planteurs eux-mêmes, et non aux noirs ni à *Toussaint-Louverture*, comme il se permet de le dire en débutant.

Je répondrai en outre à cette assertion que si chacun était pénétré que l'on trouve son bonheur en travaillant à celui des autres, bientôt le genre humain serait heureux.

Le peuple de Saint-Domingue est le même que celui dont le zèle éclairé et l'imperturbable persévérance a enfin obtenu le bill de l'abolition de la traite, conjointement avec les amis des hommes de toutes les couleurs. Je suis d'avis cependant qu'il est nécessaire d'établir un code de lois, de constitution et de législature pour la colonie de Saint-Domingue.

La législation y ajoutera sans doute des mesures d'exécution, dont la nécessité est démontrée par les expériences des premiers paragraphes de cet ouvrage; cet acte souverain sera à jamais le trait le plus beau du règne de *Louis-le-Désiré*, le plus grand, le plus digne et le plus clément des monarques.

Planteurs colons! si vous voulez parvenir à rentrer en possession de vos biens, n'aspirez plus à une vengeance inutile, dès que le souverain monarque vous donne un exemple de pacification de la plus haute munificence; n'ayez plus de haine contre un peuple à qui l'on a tant vanté la liberté et la tolérance. La honte (dit un ami des hommes de toutes les couleurs) est le malheur de l'espèce humaine. Il y a long-temps que les indigènes de l'Amérique et le peuple même de la colonie de Saint-Domingue se seraient élevés à la civilisation la plus développée, si l'on n'eût pas mis obstacle à cette bonne œuvre; c'était là l'intention paternelle de Louis XIII, qui témoigna toute la répugnance imaginable pour la traite des noirs: telle était la sensibilité de cet auguste monarque. On aurait dû n'employer plutôt, pour les civiliser, que la centième partie des efforts d'argent et du temps qu'on a consumé à tourmenter, à égorger plusieurs millions de ces malheureux dont le sang crie vengeance contre les insinuations perfides et contre les oppresseurs de l'humanité : l'on en aurait retiré des avantages bien plus réels pour le bonheur de ce peuple et pour l'intérêt même de la métropole.

Il y a sans doute de l'ineptie là où il n'y a pas d'éducation : c'est un défaut qui existe chez tous les peuples, même chez ceux les plus civilisés.

Mais *Toussaint-Louverture* était pourvu de lumières et fut bon latiniste, car il ne s'entretenait avec les ecclésiastiques qu'en langue latine; cela prouve qu'il n'était pas un ignorant, comme le prétend dire M. l'avocat colon V. D. C.

De plus voilà une question qu'il s'agit de vider. Pourquoi M. V. D. C. n'a-t-il pas eu la prévoyance, au lieu de l'inepte *Toussaint-Louverture*, de s'emparer lui-même du gouvernement de la colonie de Saint-Domingue? Je demanderai aussi s'il aurait eu les talens et la hardiesse de faire les belles choses que ce digne général a fait avant l'arrivée de l'armée expéditionnaire dans la colonie, notamment la réunion de toute la colonie, partie espagnole compris, avec *Santo-Domingo* (cédée de nouveau à l'Espagne par le traité de paix des souverains alliés, fait à Paris le 20 novembre 1814), en une seule et même domination ? C'est ce que je laisse à penser au lecteur.

On saisira le sens et l'importance du contenu que renferme ma lettre, qui est de justifier en face de Dieu et des hommes, la conduite du peuple noir, et de repousser la calomnie non méritée et injustement dirigée contre *Toussaint-Louverture*, dont j'ai eu l'honneur de parler déjà dans mon épître; et pour ne point laisser de lacune à ce sujet, je continuerai avec persévérance sur le chapitre dont il s'agit, contre le but infâme de l'ouvrage intitulé : « De l'Examen, etc, particulièrement de » l'esclavage des nègres des colonies françaises de » l'Amérique, par ledit M. V. D. C., avocat colon » de St.-Domingue. » Cet avocat dit : « Les noirs « ne sont pas dignes de la liberté. » Je réponds qu'ils ne sont pas faits non plus pour être esclaves, puisqu'ils tiennent à la souche de l'espèce humaine, comme les autres hommes, et puisqu'ils viennent du même père créateur : et parce qu'enfin si les noirs sont d'une couleur différente de celle des blancs, ce n'est pas une raison pour en vouloir faire une classe separée de la société, ni pour les confondre dans le nombre des animaux. Pourquoi ne pas faire une comparaison dans la généralité du peuple européen, et traiter d'animaux ceux qui n'ont pas reçu de l'éducation, ou qui n'ont pas eu la faculté d'en recevoir, soit par leur industrie ou par celle de leurs parens? Oublie-t-on que ce peuple est le même à qui l'on défendait, sous peine de la vie, de regarder seulement un livre? Si, comme dit l'avocat colon, les noirs ne savent discerner le sens des lois, fléchissent sous la licence d'une austère liberté, et sous un gouvernement militaire, sous quel gouvernement encore? et à qui est-il confié ajoute-t-il? à un *nègre :* certainement c'est un grand malheur; mais pour ce peuple seulement grossier et ignorant : qui est cause de cette ignorance? ce sont ceux qui ont empêché les progrès de l'éducation et de l'instruction, qui sont responsables d'un crime aussi inexorable envers l'humanité.

D'ailleurs les noirs, en secouant le joug de la tyrannie qui les oppressait, n'ont fait qu'imiter ce que les peuples parvenus à la civilisation et à un degré de perfection font aujourd'hui. Donc on ne doit pas leur en faire un délit.

En conséquence, je réponds encore ici, chers lecteurs, à cette assertion calomnieuse que M. V. D. C. allègue dans son ouvrage de fanfaronnades, pour lequel il a épuisé son érudition, par la réfutation d'un discours prononcé au sein du corps législatif, le 10 prairial an 5, par M. W., l'un de ses membres, colon planteur du quartier du Fonds-Blanc à Saint-Domingue, à qui la révolution n'a point été favorable à cause de ses plantations. C'est M. le général *Rochambeau* qui lui a fourni des matériaux aussi faux que ridicules contre la mémoire du respectable *Toussaint-Louverture*; ce même *Rochambeau*, dont il est ici question comme dénonciateur, a été le premier qui ait proclamé la liberté générale, et c'est le même qui, dans un dîner que *Toussaint-Louverture* lui donna sur l'habitation de *Deskaho* aux *Gonayves*, le complimenta sur le bon ordre qu'il avait établi dans le département de l'Ouest de la colonie, particulièrement sur le progrès de la culture des terres, ainsi que sur les mesures de défense qu'il avait prises contre l'ennemi.

C'est ce même général *Rochambeau* qui changea de langage à son retour de Saint-Domingue en France, et qui vint écrire les horreurs les plus infâmes et les plus abominables contre *Toussaint-Louverture*.

C'est une série d'injures qui fait vraiment peu d'honneur à la franchise et à la loyauté française : outre ce que je viens d'annoncer ci-dessus du général *Rochambeau*, lisez ci-après sa conduite comme capitaine-général à Saint-Domingue pendant l'an 11, après la mort du général *Leclerc*, son prédécesseur, tant au *Port-au-Prince* qu'au *Cap-Français*, vous frémirez d'horreur, chers lecteurs, en suivant la marche qu'il a tenue.

Voilà donc où ira aboutir et où finira la triste et funeste existence de l'ouvrage de monsieur l'avocat V. D. C., en se faisant montrer au doigt par les amis de la cause de l'humanité, ainsi que ceux qui lui ont fourni de faux documens pour embellir son ouvrage, en faisant croire à l'Europe entière que les noirs n'étaient pas dignes de la liberté, et que c'était par suite de cette liberté accordée aux noirs que Saint-Domingue se trouvait dans le degré du malheur où il est actuellement. » Ces monstres (dit-il) ne devaient jamais être » distingués, ni même être comparés à des » hommes; mais ils devaient être plutôt mis dans » la classe des animaux ou des bêtes de somme, » etc., etc., etc. »

Hélas! hélas! Eh.... Hélas! que l'avocat colon. V. D. C. se rappelle donc un moment des martyrs *Ogé*, *Chavannes* et autres, il se convaincrait que ce sont les colons planteurs eux-mêmes qui ont été les auteurs de l'insurrection révolutionnaire des noirs et des mulâtres en 1789, 90, 91, 92 et 93, et que la perte de Saint-Domingue devait avoir lieu inévitablement par la suite d'un massacre aussi odieux, qui fait crier vengeance au ciel et sur la terre.

Oui, il n'est malheureusement que trop vrai qu'il n'existe plus un *Toussaint-Louverture* à St.-Domingue; il est regretté de toutes les nations de l'Europe, même de celles qui ne le connaissaient que de réputation; et vous-mêmes, colons, ses ennemis les plus implacables, vous devez le regretter à votre tour, aujourd'hui plus que jamais : plaignez-vous donc plutôt contre votre expédition de l'an 10, qui servira d'exemple pour un meilleur avenir, au lieu de vous plaindre des noirs, *usque in tempus sustinebis patiens, et posteà redditio jucunditatis*.

Les noirs, dis-je, savent bien discerner que sans le travail il n'y a pas de liberté : j'entends par la liberté, l'indépendance domestique (1), et ils savent également qu'il faut dépendre lorsque l'on est sujet au travail d'autrui, et particulièrement quand on perçoit un salaire ou gage quelconque de celui qui vous emploie à son service; et pour cette raison, ils sentent divinement bien qu'ils deviennent les esclaves de leurs semblables, quoique la tolérance de l'indépendance de l'homme en matière

---

(1) Je prie de remarquer que le mot d'indépendance a deux significations : par cette raison, j'entends l'indépendance personnelle ou individuelle, puisqu'il ne s'agit ici que de la garantie de l'intégrité des droits politiques et sociaux. Voyez ma lettre à la fin de mon épître : vous y lirez avec précision l'expression de mes sentimens, qui ne laisse aucun doute sur ma manière de penser.

sociale lui donne les mêmes droits que peut avoir son maître en justice, puisque l'homme est libre de ses volontés; et qu'ayant une profession quelconque, étant salarié ou gagé par un maître, il rentre dans la dépendance d'autrui, avec cette différence qu'il est libre de sa personne, autant qu'il n'y aurait pas d'acte préalable pour un temps déterminé entre l'un et l'autre : et dans tout état de chose, il pourrait dire cependant. : « Je me retirerai quand bon me semblera, et selon que le traitement que l'on suivra à mon égard me sera favorable. » (Par le passé, un noir ne pouvait pas le dire et ni même tenir ce langage à un blanc colon.) Donc ce mot de liberté, qui rend l'homme indépendant des vexations humaines, sans l'être à la vérité, est synonyme à celui de dépendance proprement dite par substitution au mot *esclavage*, mot toléré abusivement dans la société, comme si on ne peut pas être domestique, serviteur, ou cultivateur, ou agriculteur salarié, ou être aux gages d'un autre, sans être pour cela son esclave.

Certainement tout homme entrant sous une domination étrangère est réputé sujet à dépendance, avec les modifications suivantes : *que celui sous la domination de qui il se trouve n'a aucun droit de disposer de la vie de l'individu à titre de privilège, et ni même pour cause de sa dépendance domestique.*

Donc c'est ainsi que répondent les noirs à cette assertion, pour maintenir la stabilité de leur indépendance domestique : « Nous ferons (1) comme par le passé, de manière à faire, par le moyen de notre travail et de notre industrie, de commun accord et mutuellement avec les puissances ou nations éloignées, le commerce de nos denrées, et par là faire prospérer le commerce de nos voisins, le bonheur du sol qui nous a vu naître, notre bien-être, celui de nos descendans, et des autres peuples qui auraient des relations commerciales

---

(1) Nous ferons servir notre gloire à cultiver nos denrées, et à rappeler à l'antiquité le commerce des temps les plus mémorables ; nous prouverons à nos ennemis ou à ceux jaloux de notre cause sacrée, que nous sommes encore dignes de la liberté que nous avons gagnée à la sueur de nos fronts et au péril de nos vies, ainsi que par l'aide bienfaitrice de la toute-puissance ; nous nous glorifierons aussi du nom d'hommes sociaux, au lieu de celui d'animaux et de bêtes de somme, comme on croit devoir nous traiter.

Nota. On n'entend point généraliser, en parlant des anciens planteurs, ceux qui, par leur humanité et leurs soins, ont su dans le temps s'attirer le respect et la confiance des habitans de Saint-Domingue et de leurs anciens cultivateurs ; ils seront toujours accueillis avec amour, toutes les fois qu'ils retourneront à la colonie avec des sentimens paternels et bienfaisans.

avec nous, et laisser ainsi au temps mémorial et le plus reculé un digne souvenir à la postérité.

Pour *Toussaint-Louverture*, dont vous diffamâtes la mémoire et que vous traitiez de scélérat; mais dans la supposition même que les maux qui ont entraîné ces mouvemens seraient l'ouvrage de la scélératesse de quelques noirs, doit-on en accuser ceux qui n'y participaient pas et qui frémissaient d'horreur à la nouvelle de ces désastres? C'est pourtant l'injustice qu'on fait au peuple noir, et sur le crime de quelques individus, on a la légèreté de nous condamner tous; on oublie en un instant nos services passés, ceux que nous pouvons rendre encore, notre fidélité à la France et notre reconnaissance. Et que dirait M. W. et ces valeureux paladins colons despotes, si, parce que la révolution française a produit des *Marat*, des *Robespierre*, des *Carrier*, etc., etc., les traîtres qui ont livré *Toulon* aux Anglais; parce qu'elle a produit les scènes sanglantes de la *Vendée*, les massacres du 2 *septembre*, l'égorgement d'une grande partie de la convention nationale, de ses membres les plus vertueux, des plus sincères amis de la liberté, en France et dans ses colonies; si, parce que des troupeaux de colons émigrés ont pris les armes contre les droits les plus chers de la nature et de la société, et jusque-là qu'ils avaient d'avance vendu aux puissances étrangères des quartiers confiés à leurs soins; si une voix, a dit le vertueux et respectable *Toussaint-Louverture*, s'élevait de Saint-Domingue et criait au peuple français :

« Vous avez commis tous les crimes, et vous » êtes sans excuse, parce que plus instruits, plus » civilisés que nous, vous deviez les éviter. Les » discussions du Corps législatif, ses lois qui vous » étaient rapidement transmises, les magistrats » éclairés et chargés de les exécuter étaient sous » vos yeux, à côté de vous, vous avez méconnu » leur voix; vous avéz foulé aux pieds vos devoirs » les plus sacrés; vous avez déchiré la patrie! » Hommes indignes de la liberté, vous n'êtes faits » que pour l'esclavage; rappellez, etc., etc., etc. » Eux seuls avaient des intentions bienfaisantes, et » l'ancien régime, que vous avez eu la barbarie de » détruire, était un gouvernement trop doux et » trop juste. »

Loin de moi cette idée de vouloir excuser les crimes de la révolution de Saint-Domingue en leur opposant des crimes encore plus grands; mais M. W. ne prend-il pas lui-même la peine de justifier les crimes qui nous ont affligés, et qui ne peuvent être imputés qu'au petit nombre, en nous menaçant, du *haut* de la *tribune* du Corps législatif, de laquelle on ne devrait entendre que les accens de la liberté, de nous replonger dans l'esclavage. Il n'ignore pas cependant lui-même, ancien propriétaire d'*esclaves*, ce qu'était l'*esclavage*; il a peut-être été témoin des cruautés exercées sur les malheureux noirs, victimes des caprices de leurs anciens maîtres, dont quelques-uns étaient bons, mais dont la plus grande partie était de vrais bourreaux : et que dirait-il lui-même, s'il était réservé au sort qu'il nous destine; si, n'ayant les mêmes droits à la liberté que ceux que la nature nous donne, il était à son tour réduit à l'esclavage? Supporterait-il, sans se plaindre, les insultes, la misère, les tortures des flagellations? et s'il avait eu le bonheur de recouvrer sa liberté, entendrait-il sans frissonner les hurlemens de celui qui voudrait la lui arracher?... Mais non, autant il est indécent d'accuser le peuple noir des excès de quelques-uns de ses membres, autant nous serions injustes d'accuser la France entière des excès d'un petit nombre des partisans de l'ancien système. Moins éclairés que M. W., nous savons néanmoins qu'il ne doit exister chez les hommes, quelle que soit leur couleur, qu'une seule distinction, celle des bons d'avec les méchans; les noirs, les hommes de couleur et les blancs, quand ils sont soumis aux lois, doivent être également protégés; ils doivent être également réprimés quand ils s'en écartent : telle est mon opinion, tels sont mes vœux, et j'en appelle à cet égard à la justice des Européens, qui sont restés ou qui reviennent dans la colonie; tôt ou tard ils instruiront la France, ils détruiront la calomnie grossière de M. W., ils lui apprendront combien ont été perfides, injustes, impolitiques ses déclamations.

J'avoue que je suis étonné de voir accusé ici *Toussaint-Louverture* par le général *Roch*..... que j'ai connu et sous les ordres duquel je servais à *Saint-Domingue*; mais les désagrémens qu'il a éprouvés dans cette colonie, l'abandon où il a été laissé (1), font cesser ma surprise, parce que je sais que le propre de l'infortune est de rendre les hommes injustes. En calomniant les noirs, le général *Roch*.... croyait servir plus efficacement sa haine contre les agens de la *Métropole*, dont il avait à se plaindre, parce qu'ils ne l'avaient pas employé; et voilà comment la vérité sur la situation des colonies est portée en France; des hommes dont l'espérance et les projets sont contrariés, cherchent à se venger par des calomnies, et des hommes passionnés et prévenus, présentent leurs aveux comme des faits incontestables. Je réclame contre l'article inséré dans les annales des fastes mi-

---

(1) Ainsi que le général *Mirdonday*. Excepté les généraux *Lesuire*, *Bédos*, *Desfourneaux* et autres, que la commission a cru devoir employer dans la colonie, et qu'elle renvoyait de leurs fonctions dès lors que leur conduite paraissait douteuse; mais elle en avait le pouvoir.

litaires, intitulés, *Victoires, Conquêtes et désastres des Français*, dans lequel l'historien représente le général *Borde-Desfourneaux* comme général en chef de l'armée de Saint-Domingue; devenu gouverneur de cette île, à la vérité, nous déclarons et protestons que le général Desfournaux n'a jamais été reconnu en cette qualité, mais seulement comme commandant de la division du Nord de la colonie, dont le quartier général était au Cap; c'était la commission du gouvernement de la métropole, composée de *Sonthonax*, *Giraud*, *Leblanc* et *Julien Raimond* (ce dernier, homme de couleur) qui gouvernait.

Toussaint-Louverture commandait la division de l'Ouest dont le quartier-général était aux Gonayves, le général *André Rigaud* commandait celle du Sud, dont le quartier-général était aux Cayes-du-Fond. Le général *Etienne Laveaux*, alors gouverneur général par intérim, se trouvait obligé de partir pour la France en l'an 5, comme député de la colonie au Corps législatif : quelque temps après son départ, *Sonthonax* jugea de faire partir le général *Rochambeau*, qui était à *St.-Domingue*, pour la France (celui-ci à son arrivée fut détenu par ordre du directoire au château Trompette à Bordeaux), déféra le commandement en chef à *Toussaint-Louverture*, que le directoire confirma dans cette fonction; et le général Desfourneaux fut alors sous ses ordres, jusqu'à l'époque de son renvoi en France. (*Voyez* défection de la délégation composée de l'ordonnateur Leborgne de Boigne, de Kerverseau, alors adjudant-général, et de Rey, dans le sud de la colonie, et la catastrophe essuyée par leurs menées en l'an 4 et 5, et à l'époque où ce général commanda dans la partie espagnole de l'île, sous les ordres du général en chef Leclerc, en l'an 10, en remplacement du général de brigade Kerversau, appelé au commandement de San-Yago, et voyez le motif de son rappel de cette partie de la colonie au Cap, où se trouvait le grand quartier-général, et de son renvoi par le général Leclerc en France.)

L'historien sera convaincu de son erreur, car il n'est pas permis de laisser cette tache aux braves : et que dirait la postérité si l'on écrivait d'une manière contraire? On n'écrit pas l'histoire pour soi, mais pour le futur : que l'historien aille consulter les cartons du ministère de la marine et des colonies, et celui de la guerre, il lui sera facile de rétablir les faits, que nous le prions de rectifier, et de rendre la gloire à qui elle appartient.

Le nom de feu général *Toussaint-Louverture*, ci-devant gouverneur de Saint-Domingue, appartient à l'histoire, qui s'empressera sans doute de recueillir les actions glorieuses de nos braves. Elle jugera de sa conduite, non comme d'un chef de brigands (au dire de M. de *Senneville* de *Lyon*, dans son histoire romanesque de l'incendie de la ville du *Cap*, dans laquelle il fait le récit des aventures de mademoiselle *Ermina*, sa fille, avec *Henry Christophe*, actuellement l'un des chefs de la colonie) ; mais avec impartialité et sans passions.

La littérature des noirs, que M. l'abbé de *Grégoire*, ancien évêque de *Blois*, offre au public dans cette occasion, est très-enrichie de plusieurs ouvrages de *Toussaint-Louverture*, qui en laisse encore d'autres, que la mort ne lui a pas permis de publier : elle lui assignera également un rang distingué parmi les militaires et les politiques. Sa famille, ses amis déportés en France pleurent en lui l'homme sensible, le philosophe aimable, le brave militaire, l'administrateur intègre et le vertueux citoyen, le restaurateur, dans le dédale même des combustions révolutionnaires, des établissemens du culte, de l'agriculture et du commerce dans la belle et infortunée colonie de *Saint-Domingue*. O planteurs colons de *Saint-Domingue*, vous voyez que je parle sans intérêt, écoutez donc celui qui vous aime assez pour vous contredire et vous déplaire en vous représentant la vérité. Vous remarquerez aussi que les citoyens de *Saint-Domingue* conservent cependant la consolante pensée que la fermeté du gouvernement paternel comprimera pour jamais les factieux qui seraient assez insensés pour concevoir des projets criminels; et que ceux des habitans de

Saint-Domingue, qui n'ont été qu'égarés, resteront convaincus, par l'espérance d'un plus doux avenir, que l'union de la colonie à la France, par les relations commerciales, lui procurera la paix et la tranquillité, tant intérieure qu'extérieure, dont elle a besoin aujourd'hui; ce doit être en ce moment l'unique espérance et plus que jamais la seule pensée et l'unique vœu de tous les citoyens. Peuples habitans de cette colonie, telle est l'expression franche et loyale de mes sentimens.

Ici, pour répondre à quelques fragmens du chapitre premier des *Incertitudes sur la situation actuelle de la colonie de Saint-Domingue de* 1790 *à* 1814, page 8 et 9; *de la Nécessité de différer l'expédition de St.-Domingue :* je dirai qu'il est à ma connaissance que la guerre civile entre le général de brigade *Rigaud* et le général en chef *Toussaint-Louverture*, ne fut provoquée et cimentée que par une lettre de M. le général de division *Marie-Gabriel-Théodore Hédouville*, ex-agent particulier du directoire exécutif à *Saint-Domingue*, en date du 27 du mois de floréal an 7, par laquelle il ordonna à *Rigaud* de désobéir aux ordres de *Toussaint*. Ce général a voulu faire des innovations dans l'administration de la culture coloniale en l'an 6 et 7, époque de son arrivée de *Santo-Domingo* au Cap-Français, en excitant, par ses proclamations, les cultivateurs des deux sexes à quitter les habitations du lieu qui les avait vu naître pour passer à d'autres à leur choix, et par là fomenter le feu du brandon de la discorde entre les cultivateurs et les propriétaires ou fermiers, leurs patrons. Cette machination impolitique d'un diplomate aussi respectable, ne convenait pas, ni aux usages, ni aux mœurs, ni à l'état actuel des choses dans lequel se trouvait la colonie. *Toussaint-Louverture*, dès-lors, pour prévenir des désastres funestes et des désordres qui seraient résultés d'une telle tolérance, et de la licence qu'aurait occasionnée l'effet du contenu des proclamations de cet agent, lui intima l'ordre de quitter la colonie, sans perdre le moindre délai, attendu que le gouvernement français lui ayant confié le commandement en chef de la colonie, il voulait la lui conserver intacte contre toute infraction impolitique et révolutionnaire : voilà d'où a pu provenir la guerre du *sud* et le renvoi ignominieux de M. *Hédouville* en France, par le général *Toussaint-Louverture*, comme aussi celui de tous les commissaires intermédiaires, venus de France; par exemple, les *Sonthonax, Giraud* et *Leblanc*, etc., etc. L'agent *Hédouville*, pour se justifier aux yeux du gouvernement, s'est fait accompagner de *Saint-Domingue* en France, dans sa fuite, par le général *Pierre-Léveillé*, noir, et les adjudans-généraux *Joseph Lechat* et *Morin*, ainsi que de plusieurs autres qu'il a su séduire en leur donnant des grades, etc., etc.; et c'était pour mieux représenter, aux yeux du gouvernement, la désobéissance de *Toussaint-Louverture* envers lui, qu'il se servit des hommes de sa couleur.

L'univers aura peine à croire que les Anglais ont mieux aimé traiter avec un noir qu'avec le général *Hédouville.* C'est à eux seul que ce général doit cependant son départ de la colonie; le général *Toussaint* en a été accusé par lui. Il ne peut en être coupable, puisque le rétablissement de Saint-Domingue (comme je l'ai déjà dit) était son ouvrage; il était jaloux de n'en partager la gloire avec personne, et de rendre cette colonie à la France. Il voulait attacher son nom à l'évacuation générale des Anglais.

Si le général *Hédouville* avait voulu mettre de côté son amour-propre, se déssaisir de ses prérogatives militaires, laisser *Toussaint-Louverture* jouir de son ouvrage, il eût épargné bien des maux, et la guerre entre *Toussaint* et *Rigaud* n'aurait pas eu lieu; il serait encore dans la colonie, et ne l'aurait pas quittée après à peine six mois de séjour.

Un général blanc (dit M. le colonel Malanfant, dans sa brochure intitulée des *Colonies, en* 1814) eut été coupable d'avoir agi comme l'a fait *Toussaint*: cependant bien peu de généraux français eussent cédé avec plaisir le fruit de victoires, achetées, comme celles de *Toussaint*, par tant de peines et de sacrifices? Le général *Moreau* est le seul qui ait montré ce dévouement à sa patrie. Combien trouve-t-on d'*Aristides*?

Lorsque *Toussaint* fit son entrée d'honneur au *Port-au-Prince*, les blanches les plus élégantes allèrent au-devant de lui; les colons, si fiers, si orgueilleux, qui le même jour sans doute le traitaient de brigand, de scélérat, ainsi que les blancs qui servaient sous ce général noir, se prosternèrent à ses pieds; ils allèrent à sa rencontre avec la *croix*, la *bannière*, les *encensoirs*, et le sollicitèrent de se mettre sous un *dais*, porté par les quatre plus grands planteurs.

Le vieux général *Toussaint-Louverture*, avec son *mouchoir sur la tête*, *son chapeau à trois cornes par-dessus*, *son habit bleu*, *sans épaulettes et dans le costume le plus simple*, refusa tant d'honneurs en disant : « Qu'il n'y a que Dieu » qui doit marcher sous un dais, et qu'au seul » maître de l'univers on doit présenter de l'en- » cens. » (C'est ainsi que parlait un noir.) Ils lui ont même donné une médaille d'or, où à l'entour de son effigie il y avait inscrit : « *Après Dieu, c'est » lui.* » On lui fit observer qu'il était d'usage que les gouverneurs fussent reçus de même : il dit « que

» son usage était d'être à cheval. » Il fit son entrée de cette manière, escorté par tout ce qu'il y avait de blancs et de dames les mieux parées; et j'ai eu lieu de remarquer ce trait de grandeur de *Toussaint-Louverture*, au *Cap* même, aux *Cayes-du-Fond*, capitale de la province du Sud, dans son entrée à *Santo-Domingo*.

Toussaint-Louverture était trop fin pour être dupe de tant de bassesses.

Toussaint-Louverture jouissait déjà de l'espérance de la paix, il ne cachait pas la joie qu'il aurait de remettre à la France la colonie florissante et tranquille; il se flattait hautement de mériter par là l'estime du gouvernement de la métropole, dont il était l'admirateur, et qu'il avait, comme bien d'autres, la bonhomie de croire ami sincère de la liberté.

Depuis qu'il avait chassé les Anglais, il désirait cette paix plus que tout autre; il la regardait comme l'époque où il pourrait jouir de son triomphe.

Oui! il n'est encore que trop vrai que *Toussaint-Louverture* finit sa carrière militaire et politique comme l'a finie le vénérable *Montézuma*; il fut arrêté par *trahison* sur son habitation située aux *Denneries*, bien qui appartenait ci-devant à M. de *Sensée*, qu'il avait achetée argent comptant, où il vivait paisiblement au sein de sa famille d'après son traité avec *Leclerc*; et je ne rougirai pas non plus de citer la personne qui fut chargée de cette exécrable mission; c'est le général *Brunet*, qui l'embarqua aux *Gonayves*, où il fut transféré sur une frégate à ce destinée, et de là au Cap, où *Leclerc* le fit acheminer en France. A son arrivée à Nantes comme prisonnier d'état, il fut mis en détention dans les prisons de cette ville. Le préfet croyait, ainsi que le corps municipal et d'autres magistrats, lui faire un plaisir d'aller le visiter. Je ne sais à quelle occasion le préfet lui adressa la parole, probablement sur quelques faits historiques, etc. Celui-ci lui répondit avec véhémence, et à la fin de son discours, il dit au préfet, ainsi qu'aux autres magistrats : « Vous avez ma tête, mais vous n'avez pas ma » queue, et vous vous repentirez de vos inconsé- » quences. »

Vingt-quatre heures après, les ordres ultérieurs venus de Paris du premier consul, le firent transférer en diligence sous l'escorte d'une nombreuse cavalerie ou gendarmerie, qui le conduisit dans les cachots du château de *Joux*, prison d'état près Besançon, et non à l'île d'Elbe, comme on le croit vulgairement, où il vécut pendant un laps de temps qui n'excéda pas trois mois : il fut empoisonné et mourut dans cette affreuse situation, en l'an 1803, à l'âge de 58 ans, laissant une femme, modèle exemplaire de vertu et de religion, et trois enfans, qui pleurent en lui un époux et un père (1).

Je n'ai point entendu ici faire un délit au général *Brunet* d'avoir arrêté *Toussaint-Louverture*, puisqu'il n'était lui-même qu'en sous-ordre, et qu'en conséquence les ordres du général en chef *Leclerc* devaient avoir leur pleine et entière exécution : mais peu de temps après cette arrestation, le chef d'escadron *Hercule*, des ci-devant gardes consulaires, envoyé en mission extraordinairement par le consul, arriva dans la colonie avec des dépêches pour le général *Leclerc* et pour *Toussaint*, que l'on n'a pu remettre à ce dernier attendu son départ. La substance de ces dépêches était : que le général *Leclerc* devait s'entendre avec le général noir de manière à établir l'ordre dans la colonie, et dans tous les cas, lui remettre de nouveau le commandement, et s'en retourner en Europe; mais le coup était déjà porté, et le mal fut irrémédiable.

---

(1) L'un d'eux (Isaac Louverture) fut relégué à Belle-Ile en mer. La véracité de ce fait m'a été attestée par M. le général comte Miollis, qui me l'a raconté à Padoue (il était alors gouverneur de Venise). Ce général eut pour lui, pendant la durée de son commandement à Belle-Ile, tous les égards possibles. Le plus jeune (Saint-Jean) est présentement élève au prytanée d'Angleterre, et le troisième est avec sa mère à Agen.

Les guerres civiles et étrangères, éprouvées sans interruption jusqu'en 1798 (dit l'auteur du livre intitulé : *De la nécessité de différer l'expédition de Saint-Domingue*), époque de la domination absolue de *Toussaint-Louverture*, ont fait périr 200,000 noirs; de 1798 à 1802, les travaux forcés (continue cet auteur) auxquels ils étaient condamnés, et les mauvais traitemens de *Toussaint* (dit-il), ont diminué la population d'un cinquième; en 1802 et 1803, l'expédition du général *Leclerc*, les cruautés de *Dessalines* et de *Toussaint*, l'irruption de ce dernier dans la partie espagnole, la misère et la débauche ont opéré une nouvelle réduction de 100,000 sur les 320,000 hommes qui restaient. (Au dire de cet auteur, il ne doit plus y avoir de noirs dans la colonie). De 1803 en 1811, les dévastations de *Dessalines* et la guerre à mort entre *Pétion* et *Christophe* en ont encore dévoré plus du tiers; de 1811 à 1814, les mêmes causes ont nécessairement produit les mêmes effets, de sorte qu'en ajoutant les pertes occasionnées par la mortalité ordinaire, on trouve qu'il faut porter à 120,000 la totalité des noirs existant aujourd'hui, etc., etc., etc.

Je réponds ici que, d'après ce calcul, il ne devrait plus y avoir d'obstacles à l'expédition de *Saint-Domingue*, puisqu'il n'y a plus, depuis 1814 (à ce que dit M. l'auteur), que 120,000 noirs, sur lesquels il faut défalquer les cinq sixièmes pour les femmes, les enfans et les vieillards: dans la totalité le dernier sixième, composé de 20000 hommes en état de porter les armes, étant réparti dans toute la colonie, ne peut pas être un obstacle pour arrêter une armée aguerrie. Donc l'auteur n'a écrit que par des suppositions et non par des faits réels; car comment peut-il être assez injuste pour faire un crime à *Toussaint Louverture* d'avoir terrassé *Rigaud?* Il n'a pas dit d'où est venu l'origine de cette guerre; il devait au moins, par décence ou par franchise, franchise qu'impose le caractère d'un écrivain impartial, et non impolitique, et pour son honneur même, avouer que la guerre du sud, entre *Rigaud* et *Toussaint*, a été l'œuvre du général *Hédouville* avant son départ de la colonie pour la France, et de cette manière, il aurait mis le public à même de juger les raisons qui ont entraîné la ruine et la perte de *Saint-Domingue*. De l'irruption, dit-il, de *Toussaint* à *Santo-Domingo*, il n'y a pas eu seulement un coup de fusil de tiré, puisque la cession en a été faite et que la possession en a été prise avec ordre en l'an 9, d'après le traité de *Bâle* du 22 juillet 1695; elle n'a éprouvé aucune difficulté de la part du gouverneur espagnol, puisque celui-ci avait ordre de son gouvernement d'en faire la remise à la première demande du général en chef de la colonie, et dont j'ai été moi-même le premier qui publiai solennellement, dans les deux langues, accompagné de tambours et d'une garde de grenadiers, dans les quatre coins principaux de la ville, la prise de possession par *Toussaint-Louverture*, au nom du gouvernement français. Le gouverneur espagnol, don *Garcia*, se contenta de s'embarquer avec sa troupe et se retira à l'île de *Porto-Rico* et à la *Havanne*. Il n'a resté à *Santo-Domingo* qu'un bataillon de cette nation, mais comme créoles du pays en qualité d'auxiliaires, et que *Toussaint* fit passer quelque temps après au Port-au-Prince. L'armée de *Toussaint-Louverture* fut bien accueillie par les généraux et troupes espagnoles, et les dispositions avaient été données en conséquence : où sont donc les pertes que l'auteur dit que l'on a éprouvées dans la soi-disant irruption de *Toussaint-Louverture* dans cette partie importante de la colonie? Il parle aussi des cruautés de *Toussaint* et de *Dessalines* à l'arrivée du général *Leclerc* à *Saint-Domingue*; mais il ne parle point de celles commises par les généraux *Rochambeau* et *Pierre Boyer* : le premier surnommé le *cruel!* et le second le *chien!* De *Christophe* et de *Pétion*, ce n'est qu'un résultat des suites funestes de l'injustice et des cruautés les plus exécrables que les *Rochambeau* et *Boyer*, ainsi que les autres blancs qui les secondèrent (1),

---

(1) Particulièrement le sieur Collette, capitaine atta-

indignes du nom français, ont exercé sur les personnes des noirs, dont les mânes crient encore vengeance tant devant Dieu que devant les hommes. Quant au reproche des guerres étrangères, fallait-il se défendre et repousser les ennemis de la France sur le territoire de la colonie? Ce furent les Anglais et les Espagnols qui déclarèrent la guerre à la France, tentèrent des incursions et prirent plusieurs places fortes, villes, etc., de la colonie, et que nous chassâmes, que nous obligeâmes de l'évacuer : nous la conservâmes intacte, au prix de notre sang et au péril de nos vies, à la métropole; nous devions peut-être, selon l'auteur, la rendre et la mettre à leur discrétion? Il nous fait donc un crime aujourd'hui de n'avoir pas été infidèles et perfides à nos sermens? Et que dirait-il des régicides et des révolutionnaires en France, et comment les traiterait-il dans cette hypothèse? Il n'est pas juste, puisqu'il est assez inhumain pour juger les hommes sur de simples vociférations, sans preuves matérielles, et sur des suppositions allégatoires, consignées dans des feuilles *périodiques*, *journaux*, *brochures*, etc.; que ceux qui ont été témoins oculaires s'empressent de le rele-

---

ché à l'état-major du général Rochambeau, et colon propriétaire dans la colonie. Il est l'homme le plus barbare qui ait jamais existé sur la terre.

ver de ses erreurs, et de lui faire connaître que si les noirs sont sortis de leurs devoirs envers la souveraineté de la nation, qui dès-lors avait brisé leurs fers, c'est qu'ils ont été irrités et forcés par ceux qui voulaient la perte de la colonie de *Saint-Domingue.*

J'ajoute ici que M. le colonel du génie, aujourd'hui maréchal-de-camp, de *Vincent*, se trouvait à *Léogane* auprès de *Toussaint-Louverture* à l'époque de l'ouverture de la campagne contre *Rigaud*. Cet officier supérieur venait de porter une mission extraordinaire de France (comme on a pu l'imaginer), et il y a demeuré jusqu'à ce que *Toussaint-Louverture* se rendît maître des *Cayes-du-Fond*. *Rigaud* se sauva avec précipitation en France, accompagné de ses partisans, où, à son arrivée, il se présenta au général *Hédouville*, qui l'accueillit : mais au yeux du gouvernement, il n'en était pas moins coupable; son frère, dans sa fuite des *Cayes*, se rendit par stratagême à *Curaçao*, où il fut *pendu*, dit-on, par erreur.

J'étais encore à *Santo-Domingo* à l'arrivée de l'armée expéditionnaire, commandée par le général *Leclerc*, au *Cap*; je m'y trouvais employé en qualité d'adjoint à l'état-major du général *Paul Louverture*, frère du général *Toussaint*, qui commandait le département de *Lózama*, à l'arrivée du général *Kerverseau*, en rade de *Santo-Do-*

mingo, sur une des frégates commandées par le capitaine *Bernard*. Ce général envoya à *Paul Louverture* M. *Caral-Mayor*, son aide-de-camp, pour lui faire connaître son intention. Comme *Paul* n'avait aucune instruction du général son frère pour faire résistance aux troupes venant de France, il était indécis pour savoir s'il devait permettre ou refuser le débarquement; l'on demeura 48 heures dans cette perspective; alors je fus envoyé à bord en parlementaire auprès du général *Kerverseau*, pour inviter ce général à ne rien faire jusqu'à se que l'on eût reçu les ordres ultérieurs de *Toussaint*. Mais cependant à mon arrivée à terre je rendis un compte fidèle à *Paul* des intentions du général *Kerverseau*; je lui fis connaître que les troupes étaient véritablement françaises, et qu'il ne pouvait pas leur refuser le débarquement, quoiqu'il n'eût pas reçu d'ordres en conséquence, attendu qu'il se rendrait coupable, non-seulement envers la France, mais encore envers son frère, puisque nous ignorions alors, ce qui se passait dans la partie française, comme le déclare ici le susdit général (1); et c'est dans un conseil de guerre, tenu

---

(1) « Le maréchal-de-camp soussigné, chevalier de » l'ordre royal et militaire de Saint-Louis, officier de » l'ordre royal de la Légion d'Honneur, commandant » en l'an X la division de l'Est de l'armée expédition-

le soir, que le général *Paul* décida d'écrire au général *Kerverseau* que la place était à sa disposition : et les Français firent leur entrée, sans coup-

---

» naire, à la partie espagnole de Saint-Domingue : certifie qu'il a connu à Santo-Domingo M. Augustin Régis, alors sous-lieutenant de la dixième demi-brigade coloniale, employé comme officier d'état-major près du général de brigade Paul Louverture, commandant le département de Lôzama ;

» Que cet officier fut envoyé en députation à son bord le lendemain de son arrivée, et qu'il lui parut animé de sentimens d'attachement et de fidélité à la métropole ;

» Qu'il est à sa connaissance qu'il contribua, par ses conseils, à inspirer à son général des idées de soumission et de paix ;

» Que, dans leur voyage de Santo-Domingo au Cap, le corps dans lequel il servait, et le général auquel il était attaché, donnèrent des preuves de leur attachement à la France, en combattant et mettant en déroute un corps d'ennemis qu'ils rencontrèrent dans la route du fort Dauphin au Cap-Français ;

» Que, peu de jours après son arrivée à cette ville, il fut employé par le général en chef Leclerc à l'état-major-général de l'armée, en qualité d'officier de correspondance ; qu'il n'a pris aucune part à la révolte de l'armée noire ; qu'il n'a été renvoyé en France que par suite d'une mesure générale, et qu'il n'a jamais cessé de jouir de l'estime de ses chefs.

» Paris, le 1er octobre 1816.

» *Signé* DE KERVERSEAU. »

férir et fraternisèrent avec les noirs, quoique des gens insensés et perfides cherchassent à les diviser, et je citerai même un certain M. *Mondion*, ancien propriétaire du *Port-Margot* et du *Lembé*, à qui *Toussaint-Louverture* avait prodigué ses bienfaits, et un M. *Lemaire*, homme de loi ; le colonel *Valdony*, commandant de la place et le capitaine *Leprestre*, adjudant de la place de *Santo-Domingo*, et *Guillermin*, qui occasionnèrent aux blancs de la ville le désagrément d'en sortir de nuit, et par-là les exposèrent aux plus grands dangers, dans le cas où *Paul-Louverture* aurait voulu faire quelque tentative contre leur sûreté; mais bien loin de là, il montra la noblesse de son caractère, en leur prodigant ses soins et les témoignages de sa loyauté.

On doit faire mention honorable de MM. *Herbin*, trésorier, *Dufaut-le-Roy*, administrateur du département, et *Joseph Gonzalès*, qui restèrent constamment à leur poste, et ne trahirent point la foi qu'ils devaient à ceux qui les employaient, et qui par là se concilièrent l'estime publique. Oui, sans doute, la rébellion se manifesterait ouvertement de la part des deux chefs actuels de la colonie, si on allait leur demander de céder les forts, îles, villes et autres points intermédiaires de la colonie, qui deviennent pour eux un article essentiel et inséparable de l'ordre systématique de toute indépendance, sous prétexte d'établir des dépôts de la compagnie, d'après le projet de M. l'ordonnateur le *Borgne de Boigne*, et je vois tout à la fois impossible l'exécution de son projet.

1°. Considérant le *Môle-St.-Nicolas*, *le Port-de-Paix*, *l'île de la Tortue* et l'*île de la Gonave*, ainsi que le territoire de la *Grande-Rivière*, dans le département du nord; le *Port-St.-Louis*, *Léogane*, dans le sud, comme étant des places fortes, et les *Iles-à-Vaches* et adjacentes, comme les clefs de la colonie de St.-Domingue (aujourd'hui sous la dénomination d'Haïti); les chefs s'opposeront formellement à des bases semblables d'un traité qui les mettrait à la discrétion de la compagnie (1); 2°. parce qu'ils verront toujours une politique astucieuse et un piége dissimulé, si l'on exige qu'ils cèdent les points les plus formidables du *palladium* de leur liberté.

3°. Ils consentiront sans doute d'accorder à la France le privilége de l'exportation de leurs denrées commerciales, de préférence à d'autres puissances, mais avec la condition que la liberté et

---

(1) Il est d'une grande politique, chez une nation naissante, de ne jamais accéder ni accepter des propositions d'un genre quelconque, qui puissent préjudicier à ses propres intérêts, ou qui compromettraient son existence politique.

l'indépendance d'Haïti soit reconnue dans les formes usitées avec les autres peuples ou nations.

4°. D'autres moyens seraient inutiles ; le mal est donc fait, et il n'y a plus de remède.

Car voilà les devises des deux gouvernemens de cette colonie :

Pro Patria,
Pro Gloria,
et
Concordia fratrum.

Ici M. le Borgne de Boigne, en proposant son nouveau système de colonisation pour la colonie de Saint-Domingue, n'a fait qu'en poser les bases par un traité qu'il croit convenable, et qui pouvait se faire avec cette partie du monde, parce qu'il a cherché à concilier les parties en combinant son projet par l'influence d'une compagnie commerciale, et n'a pas eu l'intention de faire une loi exigible, à la colonie, d'accepter sa proposition. Il a cru, par les moyens de réconciliation, entrer dans l'intérêt d'un chacun, et laisser aux parties contractantes la libre discussion des clauses invoquées par son système, de la manière qu'elles jugeraient convenable. Quant au décret de l'Assemblée nationale du 15 mai 1791, qui a été depuis rapporté par un autre du 24 octobre 1792, qui remettait entre les mains de l'assemblée coloniale qu'elle avait frappée un an avant, le sort des hommes de couleur, on ne l'invoque point, puisque celui de l'Assemblée constituante législative y a pourvu, et qu'il a été le vœu unanime de la nation. Ainsi la question tomberait d'elle-même. Cependant il serait nécessaire aujourd'hui que cette même question fût l'objet d'une discussion, ou soumise à l'examen des législateurs, afin que le décret en faveur des mulâtres soit déclaré commun aux noirs proprement dits.

Enfin l'injustice et l'oppression ne doivent pas être éternelles, parce que les mains enchaînées étant redevenues libres, se relèvent quelquefois contre ceux qui ont contribué à les mettre dans les fers (1).

Amis de l'affranchissement, demeurez fermes dans la persévérance et l'ardeur qui vous animent pour la cause sacrée de l'humanité, et ne vous refroidissez pas. La génération présente vous offrira sa reconnaissance, et la postérité admirera vos œuvres méritoires.

---

(1) *Voyez* le journal de Londres du 16 mai 1818, les écrits de la Société philantropique des amis des hommes de toutes les couleurs; et l'*Histoire de Saint-Domingue*, par M. Métral, en 1818. A Paris, chez Scherff, libraire, place du Louvre, n° 12.

GÉNÉRAUX

Faisant partie de l'expédition depuis l'an IX jusqu'en l'an XI inclusivement.

Leclerc, général en chef.

Dugua, général de division, chef d'état-major-général.

Debelle, lieutenant-général de Leclerc, commandant en chef l'artillerie de l'armée.

Rochambeau, général de division.

Boudet, *idem*.

Hardy, *idem*.

Wathrin, *idem*, et inspecteur-général d'armes.

Brunet, *idem*.

Desbureaux, *idem*.

Quantin, *idem*.

Michel Bellecour, *idem*.

Desfourneaux, *idem*.

Clauzel, *idem*.

Villaret-Joyeuse, vice-amiral, commandant en chef l'armée navale.

Dumanoir, contre-amiral.

Latouche-Tréville, *idem*.

Villeneuve, *idem*.

Macon, *idem*.

Linois, *idem*.

Gravina, *idem*.

Généraux de brigade.

Humbert.
Salme.
Dutruy.
Sarrazin.
Kerverseau.
Lalance.
Pambourg.
Damblonowski.
Laplanche.
Dampierre.
Le Doyen, inspecteur en chef aux revues.
Laroche-Blin, *idem.*
Tholozé, commandant l'arme du génie.
Cadet-de-Vaux.
Pierre Boyer.
Davoust, sous-chef de l'état-major-général.
Pageot.
Fressinet.
Pamphile Lacroix.
Esprit Lacroix.
Dubarquier.
Claparède.
Denin.
Thouvenot.
Abbée.
Lavalette.
Bachelu.

Dalton.

Ferrand, qui a soutenu le siége de Santo-Domingo contre le général Dessalines.

Hector Daure, ordonnateur en chef.

Perroud, ordonnateur.

Dintrans, *idem*.

Peyre, inspecteur-général du service de santé.

Noms et prénoms, par rang d'ancienneté de grade, des généraux noirs et hommes de couleur reconnus par le gouvernement, qui ont figuré sur la scène de Saint-Domingue (1).

1. TOUSSAINT-LOUVERTURE.
2. Villate (Jean), homme de couleur.
3. Rigaud (André), *idem*.
4. Bauvais, *idem*.
5. Laplume, noir.
6. Pierrot, *idem*.
7. Pierre (Michel), *idem*.

---

(1) Les premiers chefs de la révolte et de l'insurrection dans le nord de St-Domingue, après la mort d'Ogé et Chavanne, hommes de couleur, furent Bougmans, Jean-François, Biassou, noirs, et Candy, homme de couleur.

Ces trois derniers ont passé au service du roi d'Espagne, et sont décorés des grands ordres de ce prince, en reconnaissance des services qu'ils ont rendus à la cause royale.

8. Dessalines, *idem.*
9. Moïse, *idem.*
10. Clervaux (Augustin), homme de couleur.
11. Léveillé (Pierre), noir.
12. Paul Louverture, *idem.*
13. Charles Bellaire, *idem.*
14. Maurepas, *idem.*
15. Christophe (Henri), *idem.*
16. Vernette (André), homme de couleur.
17. Martial (Besse).
18. Chanlatte.
19. Le respectable Pinchinat, homme d'état.
20. Pétion, adjudant-général (pour mémoire, général).

Toussaint-Louverture s'est montré très-humain au fort Dauphin, en 1794, envers les blancs que les Espagnols égorgeaient: il s'opposa avec vigueur à cette cruauté, et il fut près de tirer sur le régiment espagnol qui fusillait les colons.

D'après une telle conduite, ce n'est pas lui qui fut l'auteur de l'une des scènes les plus terribles de la guerre civile, dont les écrivains tracent un précis historique entre le général *Galbaud*, descendu du vaisseau à terre à *quatre heures du soir*, et les commissaires *délégués Sonthonax* et *Polverel*, sans entrer dans de plus longs détails. C'est de cette manière que commença le 20 juin 1793 (toute la ville fut mise en cendres). Peu de temps après, parut la fameuse proclamation des commissaires délégués, par laquelle ils rendaient libres tous les noirs qui voudraient s'enrôler et combattre sous les drapeaux de la république, d'où partit la liberté générale des noirs, proclamée et reconnue depuis sous la dénomination de citoyens du 20 juin 1793; et cette liberté naissante a été, pour ainsi dire, réclamée par les instances réitérées de *Toussaint-Louverture* en sa qualité de major-général de l'armée noire, dans le temps commandée par le général *Jean-François*, aujourd'hui au service d'Espagne, décoré des grands ordres de cette cour, et d'après la sollicitation même des blancs restés au Cap, qui se voyaient en danger, ainsi que par les noirs de la ville.

Je citerais plus particulièrement M. *Artau*, le plus riche alors des propriétaires de St.-Domingue; il possédait les plus belles maisons de la ville; la comédie était sa propriété : il avait mille noirs esclaves-ouvriers, et une habitation.

Ce colon vint prier le commissaire Sonthonax de donner la liberté aux noirs, parce qu'il savait par ces noirs que cette mesure pouvait seule mettre les blancs en sûreté; et pourquoi, dirai-je, vous autres colons, n'avez-vous point imité ce bel exemple de conduite, dicté par l'humanité et la philantropie d'un des plus braves hommes qui aient existé sur la terre ! vous seriez encore aujourd'hui sur vos biens. D'après mon récit, on ne peut nullement attribuer aux noirs ni à leur chef d'être les auteurs de la perte de la colonie pour sa métropole.

Enfin, pour terminer glorieusement la tâche que je me suis fait un devoir d'entreprendre, et la cause que je me charge de défendre, comme frère de nation et comme compatriote, contre les calomniateurs du respectable *Toussaint-Louverture* et contre le crime imputé à la nation noire; je reviens pour la dernière fois, et pour terminer mon épître, à son irruption dans la partie espagnole de St.-Domingue, et je dirai, avec cette vérité sincère qui me caractérise, qu'en entrant à *Azoi* et *Bany*, ce dernier grand bourg situé dans les terres à proximité de l'habitation de *Don Juan Royal Saval*, habitation et sucrerie qui est la plus belle de cette partie de la colonie, et dont une grande partie des plantations donne sur le rivage de la mer, a une belle vue et très-agréable : c'est à cet endroit qu'il y a eu une petite escaramouche et quelques coups de fusil de tirés de la part des troupes espagnoles, en résistant aux troupes de *Toussaint-Louverture*, qui venait pour prendre possession, en exécution du traité de Basle, du 22 *juillet* 1795. C'est l'adjudant-général Antoine d'Hébécourt qui fut chargé par *Toussaint* de stipuler avec le gouverneur Don Garcia, pour la remise en possession de cette partie à la république, d'après le traité. Les troupes de *Toussaint*, marchant sur deux colonnes, l'une commandée par *Moïse* et *Clervaux*, venant du côté de *St.-Yago et Ceibo*, et l'autre, commandée par Paul et Charles Bellaire, venant du *Port-au-Prince* par Mirbalais, repoussèrent vivement et avec rapidité les troupes espagnoles des frontières, qui furent obligées de battre en retraite; alors elles prirent la défensive aux bords des fleuves et rivières de l'intérieur qui aboutissent à la mer.

Quant à la colonne de *Paul*, elle a eu à combattre depuis *Bany* jusqu'au bord de la rivière qui coule directement vers le rivage maritime contigu au fort de *Haine*, où ensuite *Toussaint* fit bâtir une petite ville. En passant la barque, les espagnols mirent le feu, afin que les troupes qui étaient à leur poursuite ne les atteignissent pas et n'arrêtassent pas leur retraite précipitée jusqu'à Santo-Domingo, capitale de cette partie de la colonie : cependant leur retraite fut telle, qu'ils furent obligés d'abandonner leur artillerie, forts et redoutes, même leurs arsenaux, à la discrétion de l'armée de *Toussaint*, comme je l'ai dit dans le commencement de l'article de l'inculpation faite à *Toussaint-Louverture* d'avoir pris possession de cette partie de la colonie. C'est sur l'habitation de *Don Juan Royal Saval* que le général Toussaint-Louverture ordonna qu'il fût envoyé, par les soins du général Paul Louverture, son frère, deux compagnies à tour de rôle et par trimestre, pour continuer le travail, et ces deux compagnies furent successivement érigées en troupe de cultivateurs, comme faisaient les anciens Romains. Ce fut la dixième demi-brigade coloniale qui donna ce grand exemple de l'amour du travail et de l'obéissance aux lois et aux ordres de son chef; et les troupes qui occupaient cette partie de la colonie allaient, par leur zèle et leur activité, faire prospérer l'agriculture et le commerce, si ce n'eût été malheureusement l'arrivée de l'armée expéditionnaire de France à St.-Domingue, qui y mit le feu, incendia la plus belle des colonies, et la détacha pour jamais de la métropole : car enfin elle ne respirera qu'avec la reconnaissance de sa liberté et de son indépendance.

Quant au sort des colonies de la Martinique et de la Guadeloupe (1), qui se trouvent à proximité de St.-Domingue, ainsi que des autres îles,

---

(1) Il est dans l'intérêt du gouvernement français de préparer les noirs et les hommes de couleurs de ces deux

leur destinée sera celle du torrent ; et, d'après ce que nous présumons, tout doit être en harmonie avec les lumières du siècle. Voilà enfin la définition du dénombrement de ma défense en faveur des droits politiques et de l'indépendance de mes frères.

Pourquoi objecterait-on encore une distinction de couleur, pour ne pas accorder d'emplois militaires ni de charges de judicature aux noirs? C'est particulièrement le contraire qui doit se faire, et je pense que le choix éclairé doit avoir lieu en leur faveur ; c'est assurer le bonheur et la tranquillité de la colonie. Les hommes n'ont besoin que de bravoure et de sens commun ; ils ont assez de modèles à imiter et assez de raison pour se défendre.

Voici une preuve de cet amour patriotique que je joins à la fin de cet ouvrage.

ALEXANDRE PÉTION, né en 1770, prit les armes au commencement de la révolution, pour

---

colonies à leur affranchissement; que cette disposition générale soit sans commotion, et que ceux qui seraient chargés d'exécuter cette délibération importante, concilient, autant que possible, leur théorie avec une pratique saine, de manière à ne blesser les intérêts des uns ni des autres.

défendre les droits de l'homme; il se distingua par ses qualités guerrières et sociales, et occupa le grade d'adjudant-général, chef d'état-major, sous le général de brigade *André Rigaud*, commandant alors la province du *Sud* de St.-Domingue, dans la guerre civile qui eut lieu entre ce général et le malheureux *Toussaint-Louverture*, dont la nation doit pleurer la mort. La fortune ayant été contraire au général *Rigaud*, *Pétion* revint en France, et y resta jusqu'à l'invasion de son pays natal, y retourna et prit du service sous les ordres de l'inflexible *Dessalines*, dont la tyrannie, après la défaite des Français, souleva contre lui toute la population d'Haïti.

A la mort de *Dessalines*, la présidence fut offerte à *Christophe*, qui la refusa, persuadé qu'il pourrait suivre les traces de *Dessalines*, et se faire déclarer *empereur ou roi.*

PÉTION fut alors nommé président par le vœu unanime de la nation *Haïtienne*. Il défendit toujours avec succès son autorité et les Etats soumis à son pouvoir, contre les attaques de son formidable ennemi *Christophe*, ce qui fait honneur à la mémoire de l'ILLUSTRE PRÉSIDENT PÉTION : et, de l'aveu général dans le pays, il ne fit jamais verser une larme à aucun de ceux qu'il gouvernait. J'ajouterai avec orgueil et gloire, le contenu d'une lettre du Port-au-Prince, datée du 10 avril 1818, et arrivée par le navire l'Africain, qui contient ce qui suit, et dont le journal de France, d'après ma prière, inséra l'article, qui fut rédigé par moi, dans son numéro 1383 du 3 juillet du même mois.

» *Nous avons perdu un père dans le prési-*
» *dent* Pétion : *il n'a été malade que huit jours.*
» *Il a été exposé trois jours aux regards du*
« *peuple; le quatrième jour, nous avons fait*
» *son enterrement. Son corps a été placé sur*
» *un char attelé de six chevaux. Un peuple*
» *immense suivait le convoi; tout le monde*
» *était en deuil et en larmes. En sortant de*
» *l'eglise, les généraux Haïtiens ont dételé*
» *le char de notre président et l'ont traîné*
» *jusqu'au lieu de sa sépulture; ses restes*
» *ont été déposés au pied de l'arbre de la li-*
» *berté, comme il l'avait ordonné. Cet arbre*
» *est un grand palmier planté sur la place*
» *vis-à-vis le palais national. Le cercueil a été*
» *déposé sous une voûte, de manière que les*
» *compatriotes de l'illustre président peuvent*
» *venir sur sa tombe faire les prières d'usage.*

» *Le sénat a nommé le général BOYER* (1)

---

(1) « Londres, le 11 juillet 1818.

» Le public sait que le général Boyer, nouveau pré-
» sident d'Haïti, envoya, il y a quelque temps, au gou-
» verneur de la Jamaïque une députation pour lui

» *à la place de président d'Haïti ; tout le*
» *monde est content de ce choix.*

» *Nous nous tenons en garde contre les*
» *mouvemens que pourrait faire notre ennemi :*
» *s'il ose nous attaquer, malheur à lui. Cinq*
» *bataillons l'ont abandonné pour passer sous*
» *nos drapeaux. La république d'Haïti est*
» *plus forte que jamais, et nous ne craignons*
» *personne.* »

» annoncer sa nomination à la présidence. On connaît
» aussi l'impression favorable que fit sur le nouveau
» président l'accueil poli que reçut cette députation de
» *sir Home Popham, notre-amiral à la station des Iles-*
» *du-Vent.* Cette impression a été extrêmement avanta-
» geuse aux intérêts des marchands anglais qui résident
» à Haïti. Les journalistes de la Jamaïque ne voient
» point cette affaire du même œil que nous ; et *sir Home*
» *Popham*, pour avoir offert aux ambassadeurs sa table
» hospitalière, et la compagnie de sa propre famille, est
» attaqué avec autant d'âpreté que s'il se fût rendu cou-
» pable d'un haut délit politique. Le vaillant amiral
» peut se consoler de ces invectives par cette réflexion,
» qu'en respectant la dignité de la nature humaine, il
» a en même-temps agi très-avantageusement pour les
» intérêts de la patrie. S'il se fût conduit autrement,
» tout le monde sait que nos négocians auraient reçu
» l'ordre de quitter sur-le-champ le territoire d'Haïti,
» et que leurs marchandises, dont la valeur s'élève à
» 36 millions de francs (1,500,000 livres sterlings),
» auraient été confisquées. »

Que peut-on voir de plus beau et d'un exemple plus frappant que le dévouement que les braves généraux Haïtiens manifestent à la mémoire de l'estimable chef Pétion, sur son tombeau? Que les peuples civilisés plus que nous, imitent cet exemple, toutes les fois que le chef en est digne!!

FIN.

De l'Imprimerie de DOUBLET, rue Git-le-Cœur.

www.ingramcontent.com/pod-product-compliance
Lightning Source LLC
LaVergne TN
LVHW010054230826
846091LV00005B/1930
9782012922655